I0789526

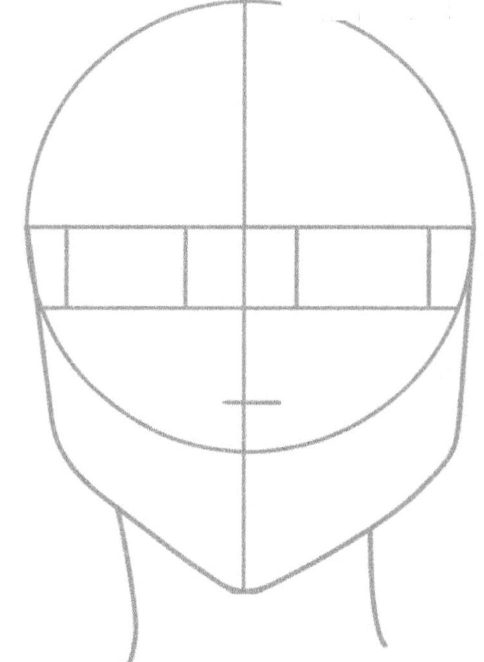

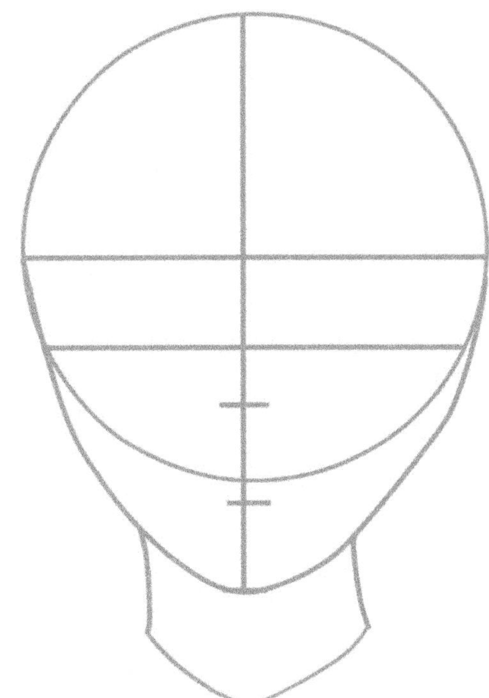

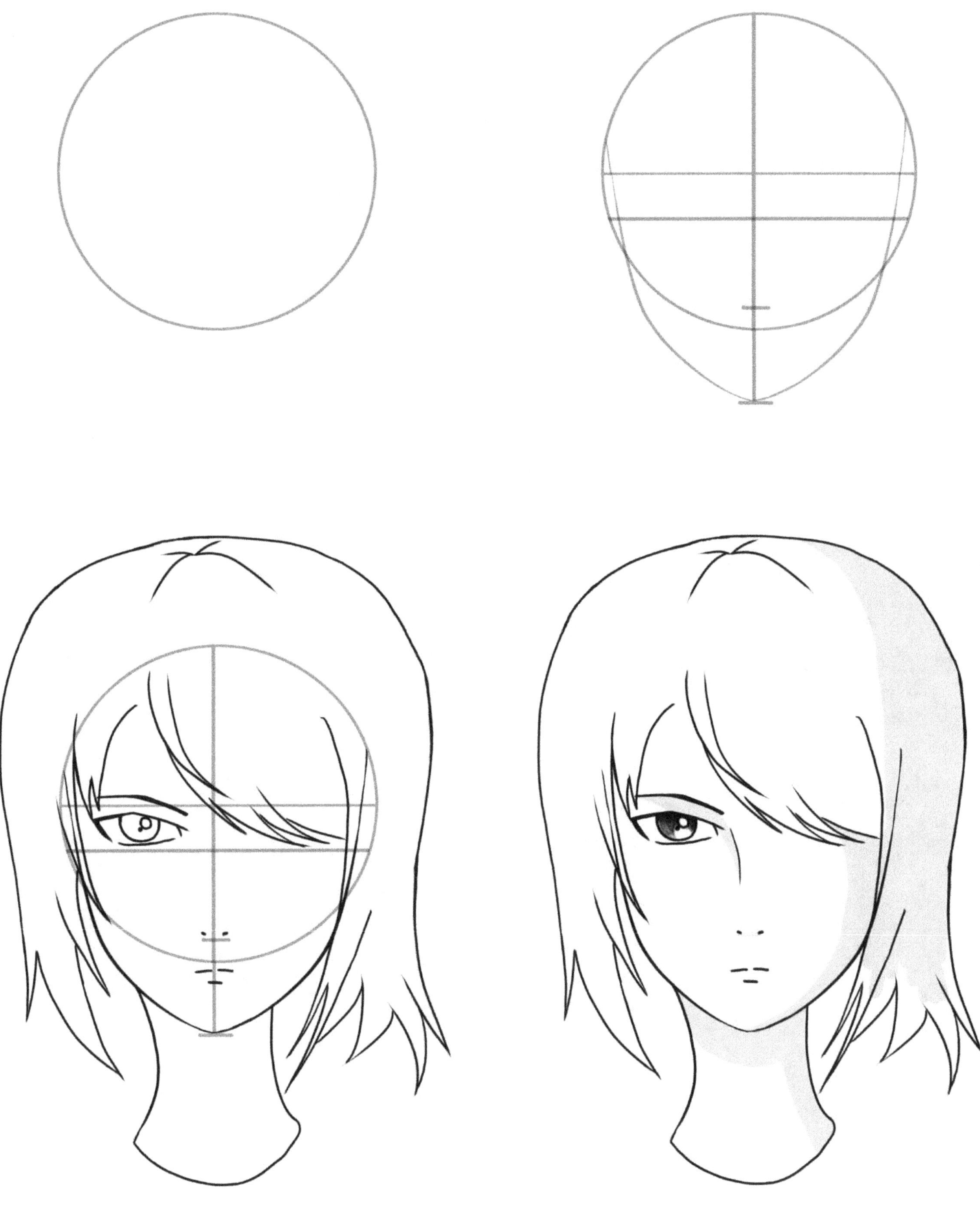

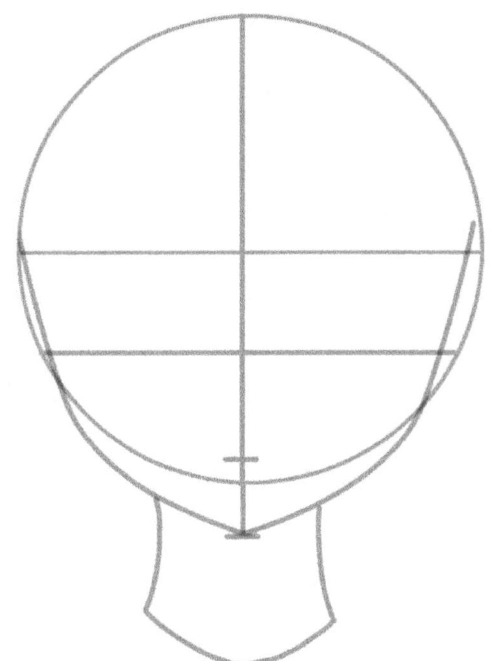

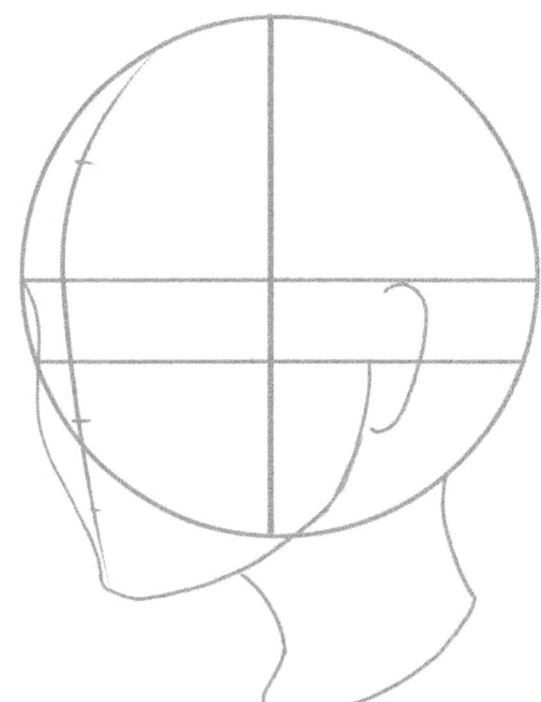

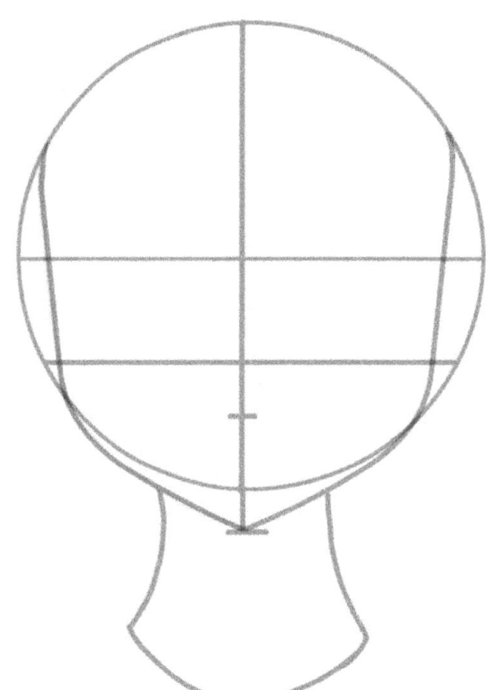

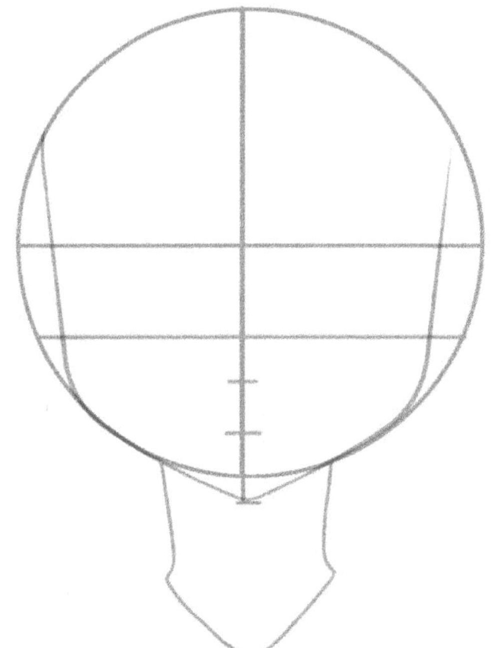

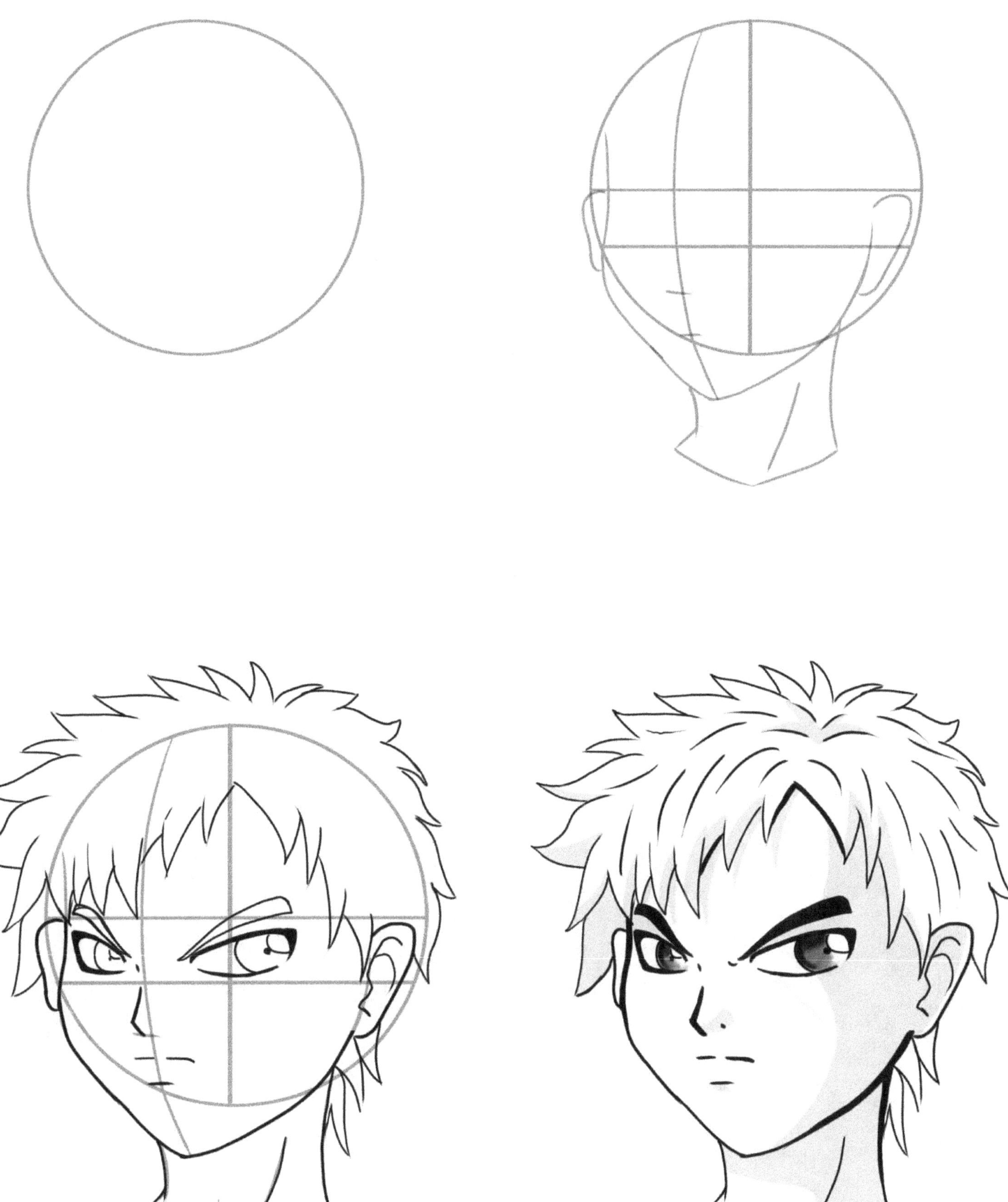

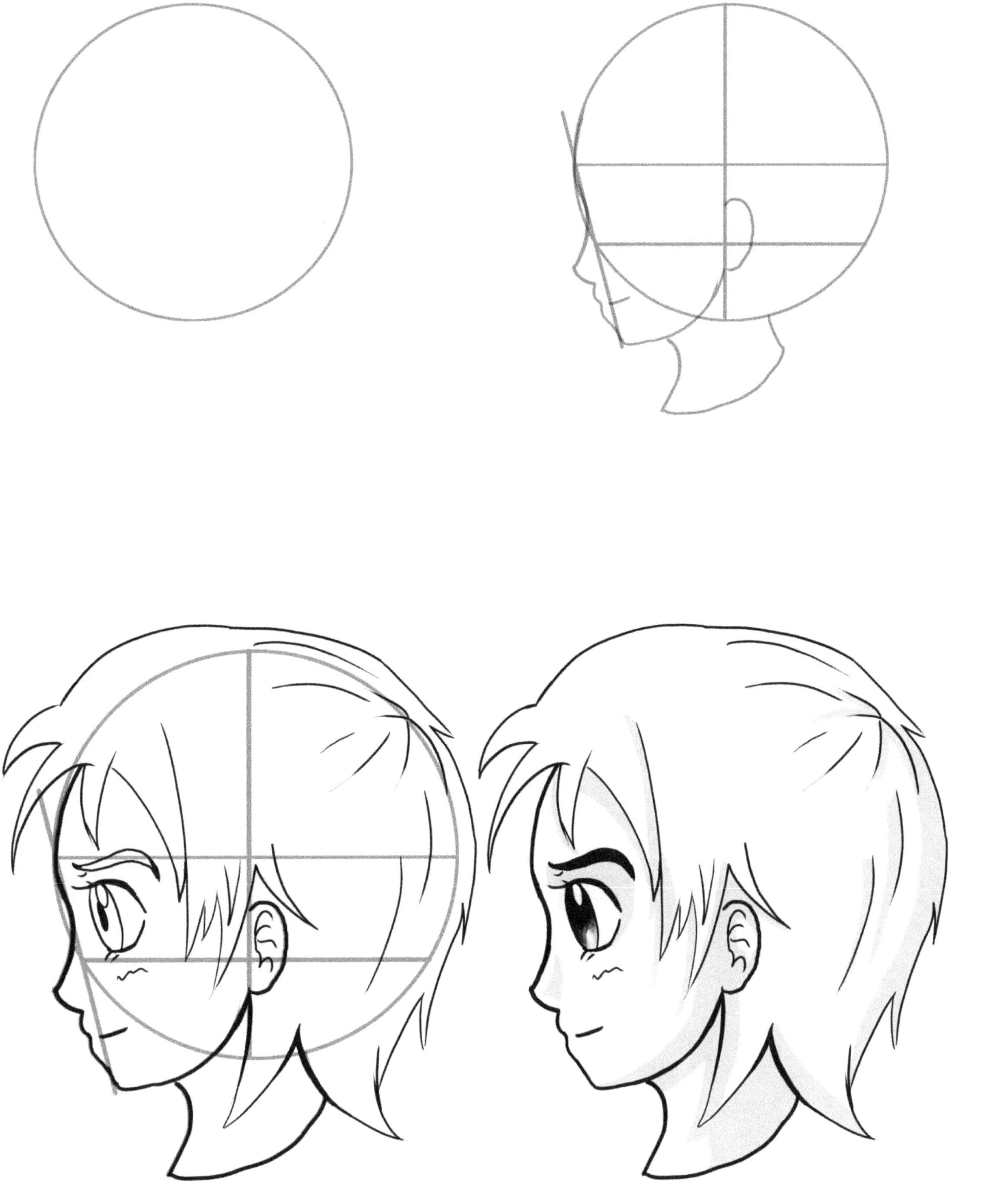

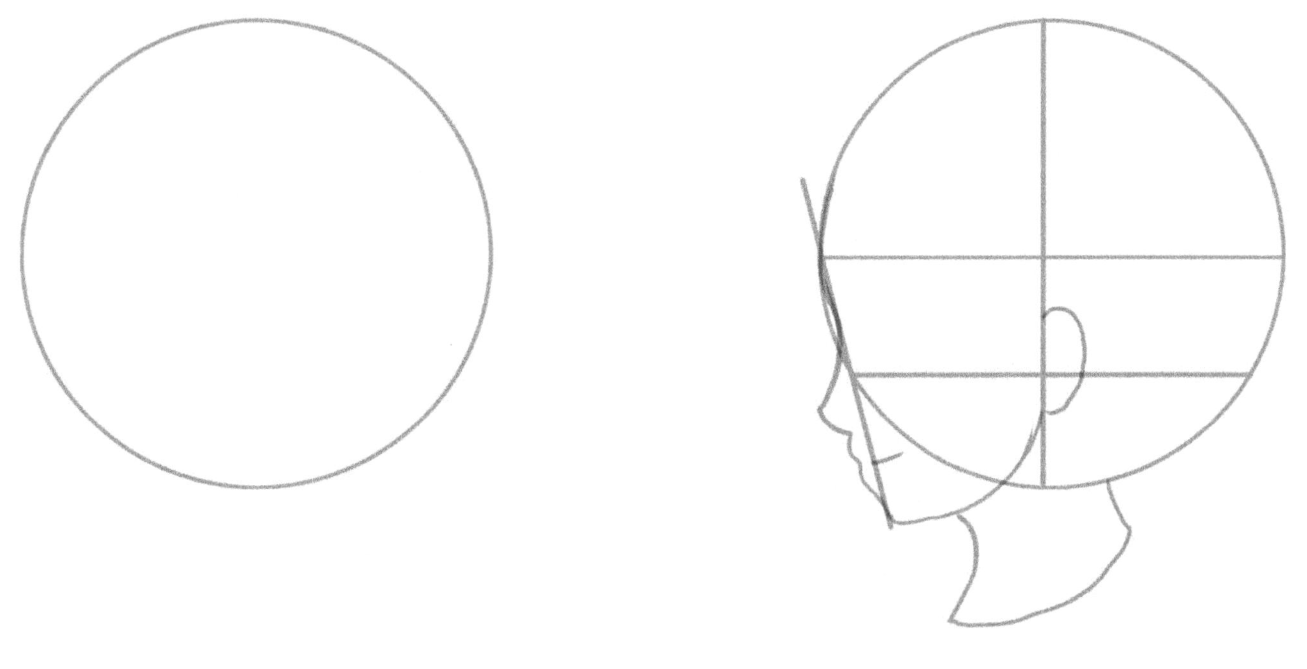

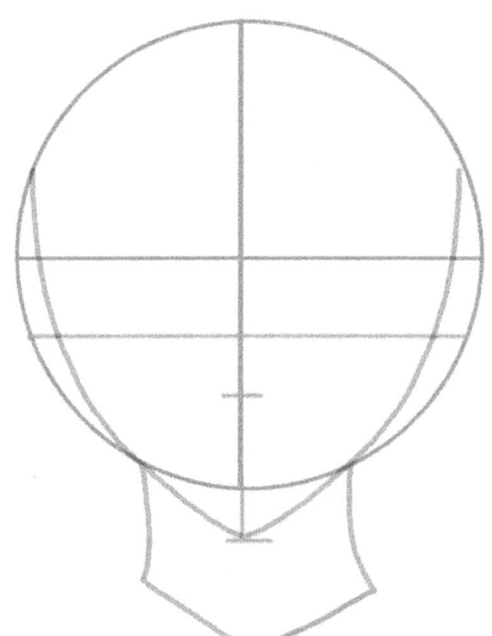

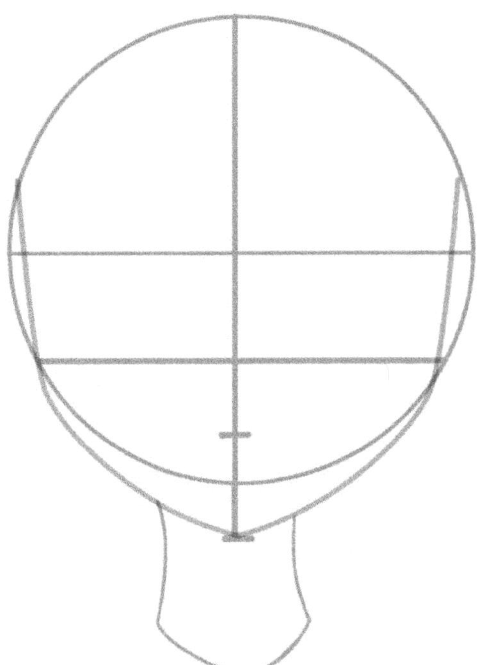
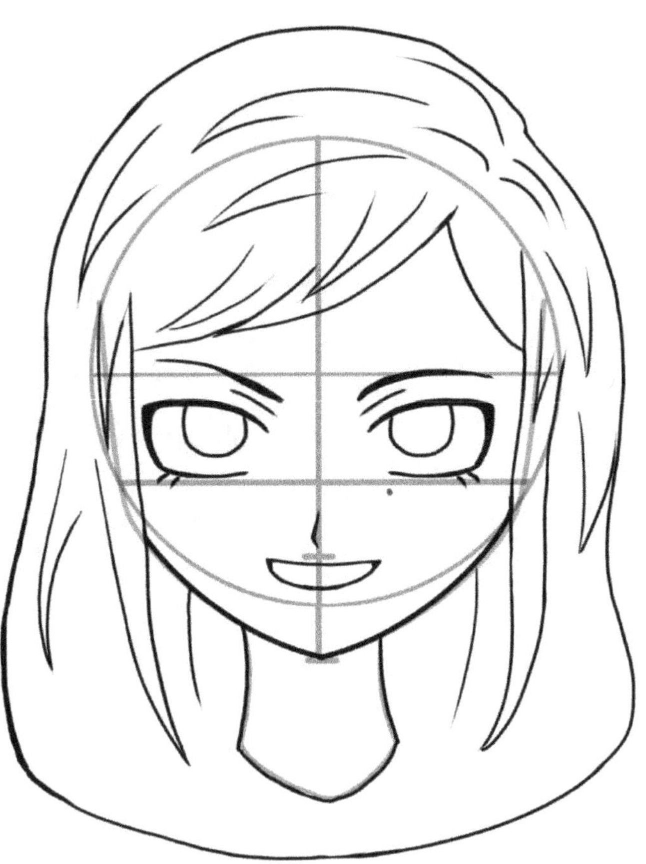

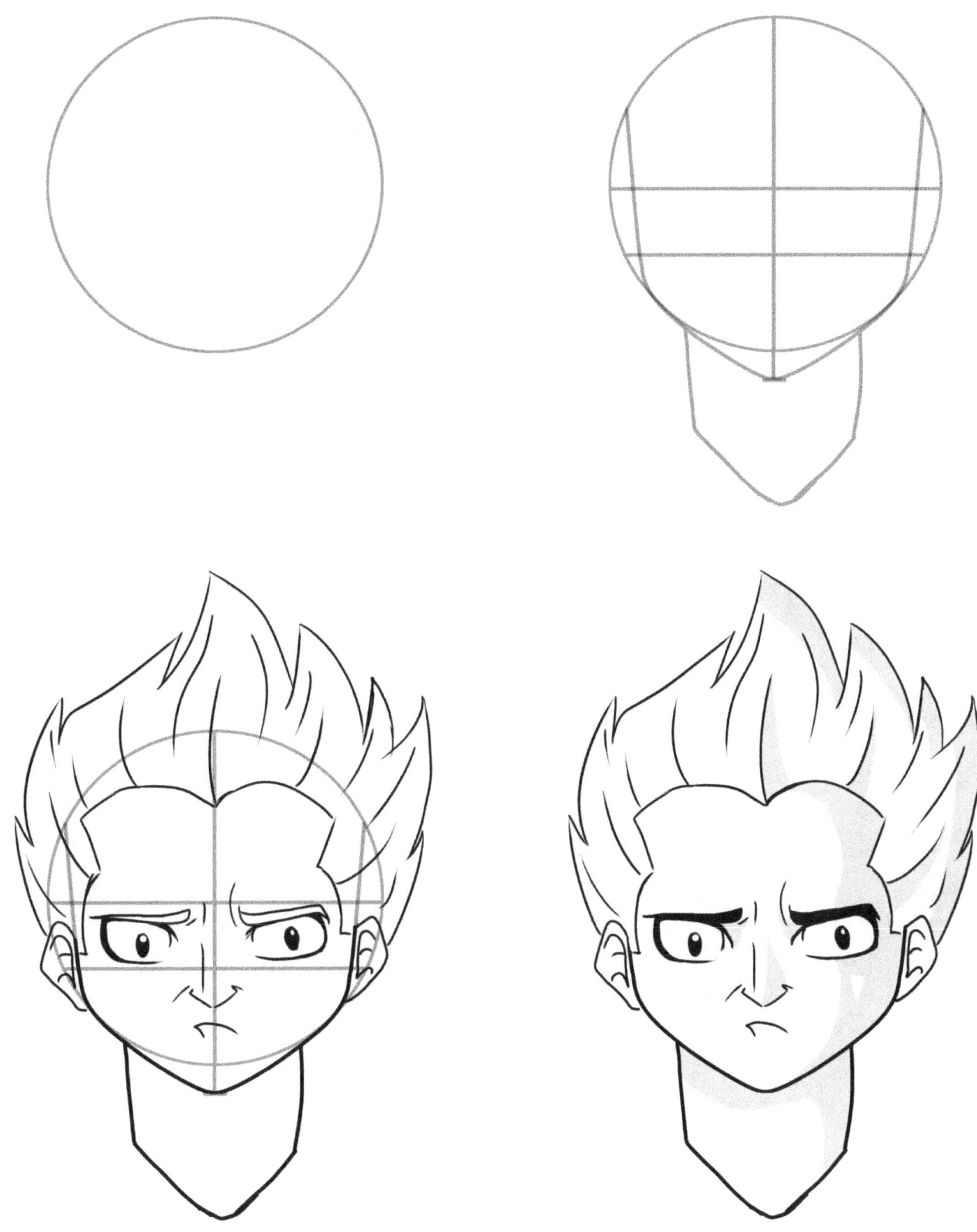

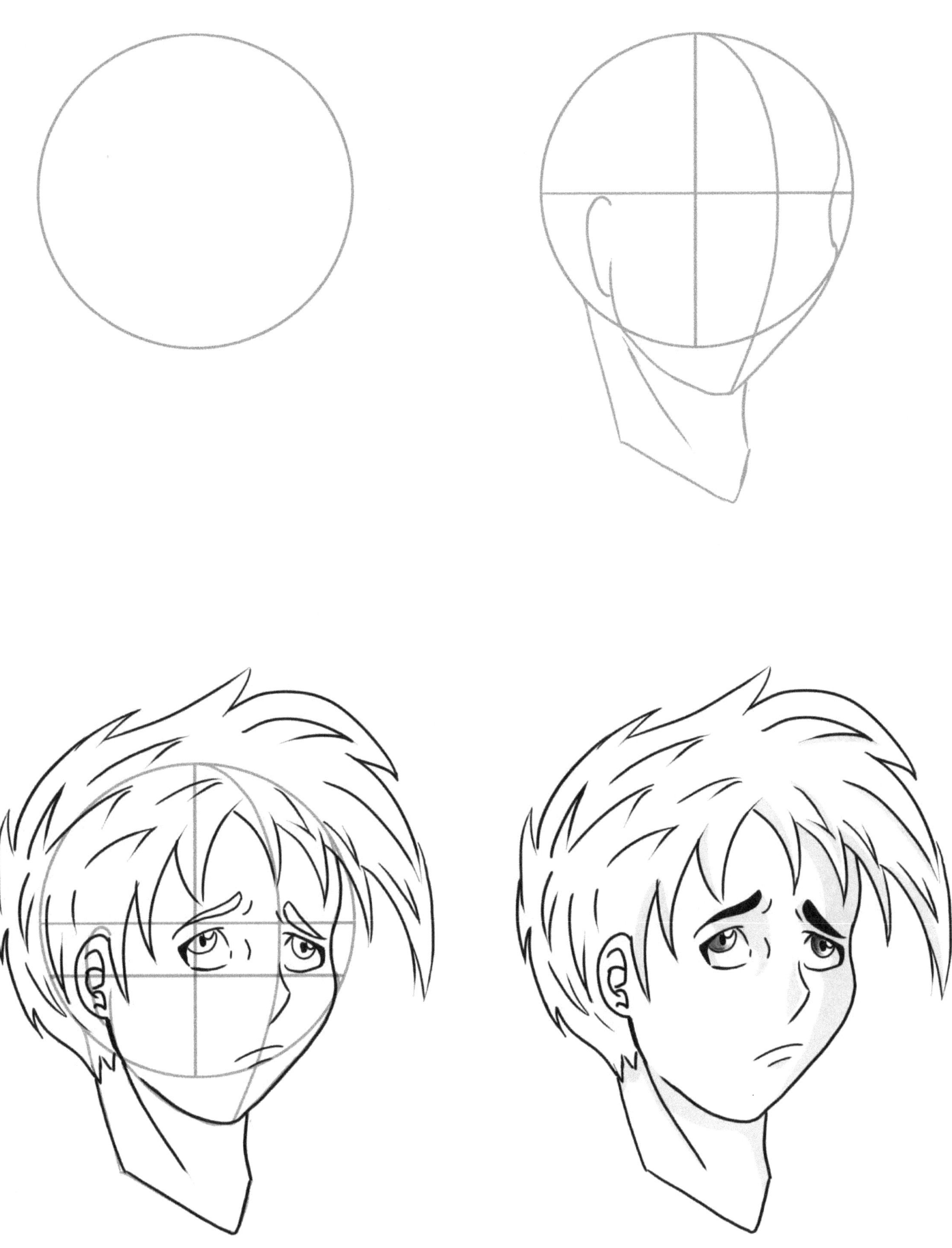

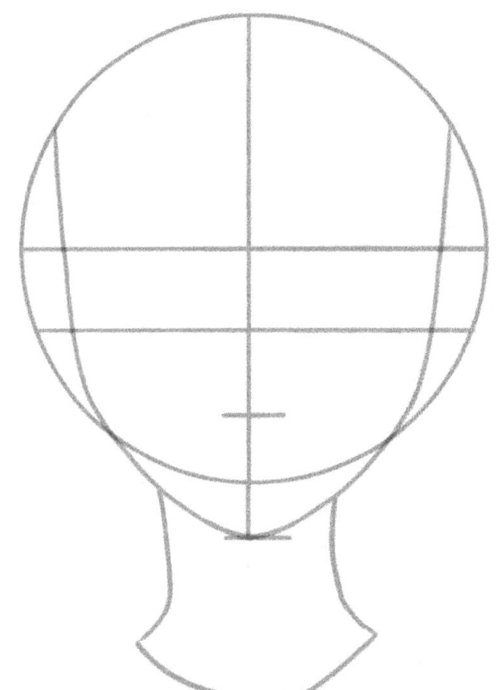

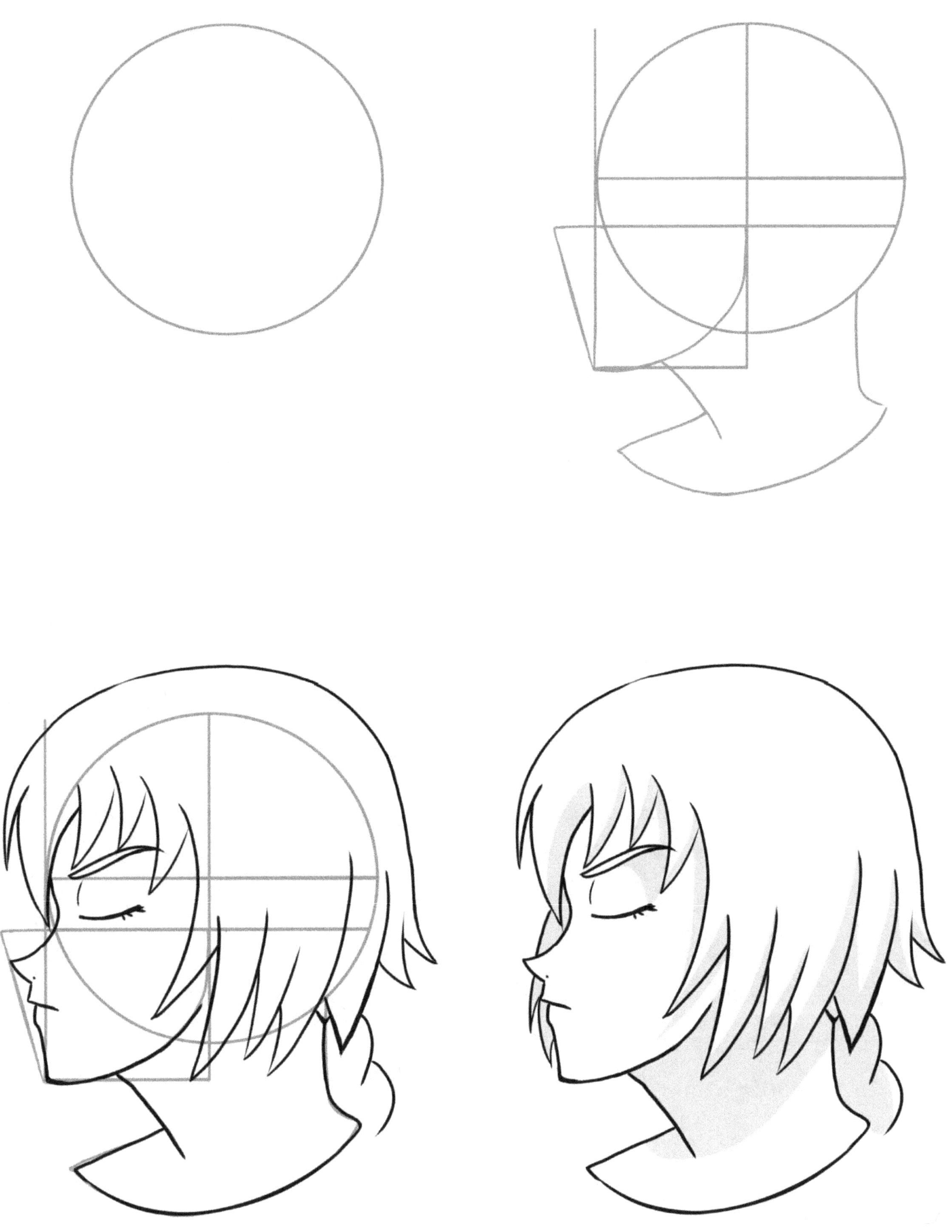

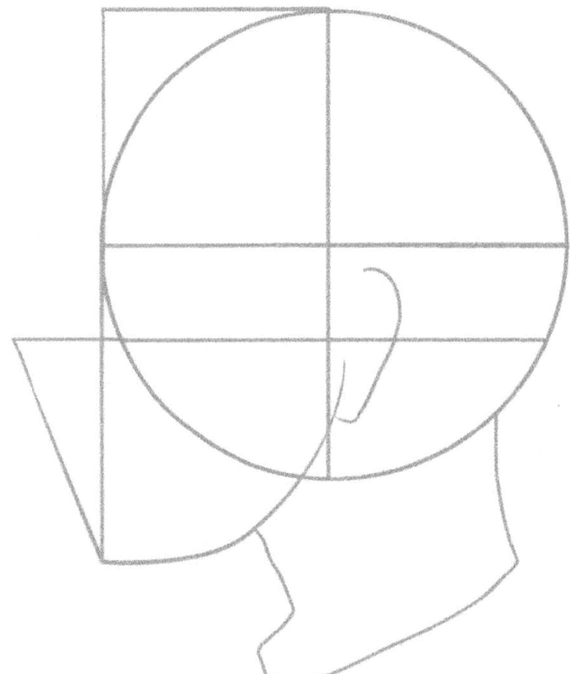

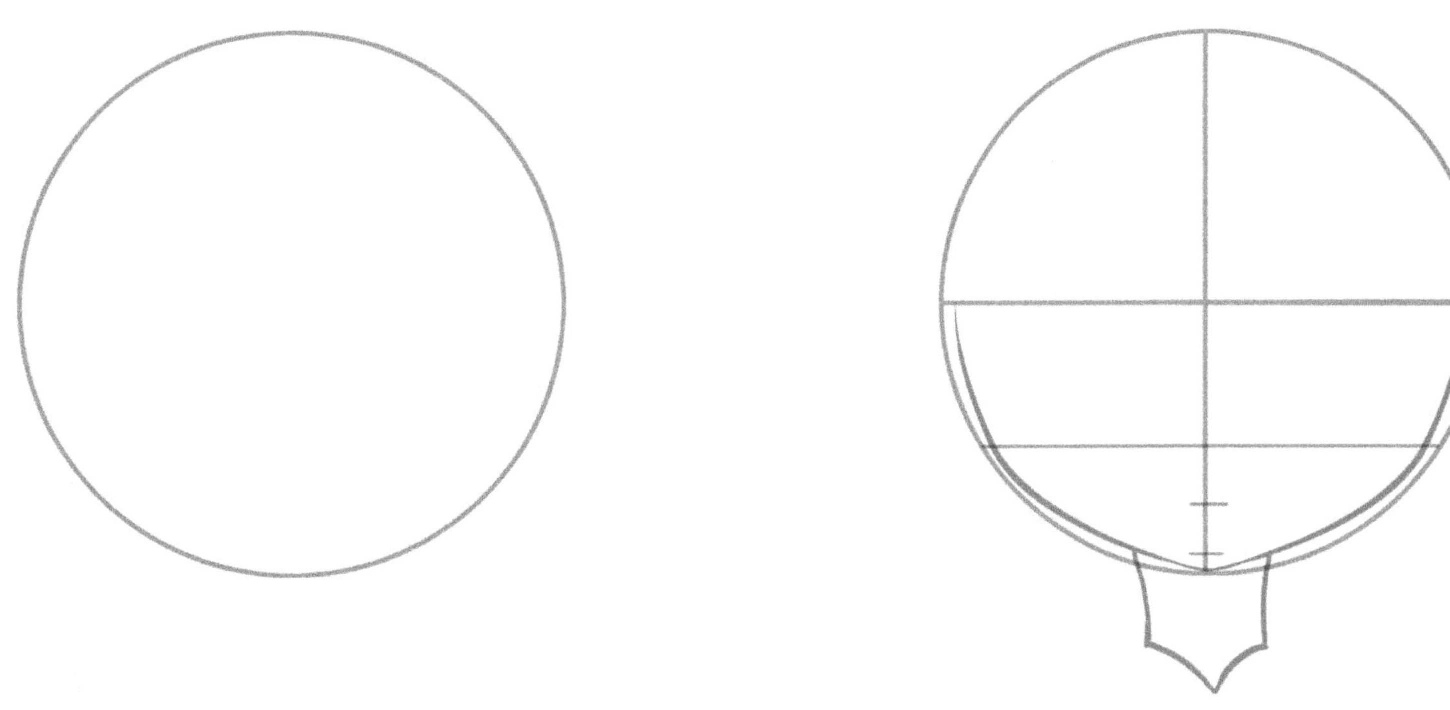

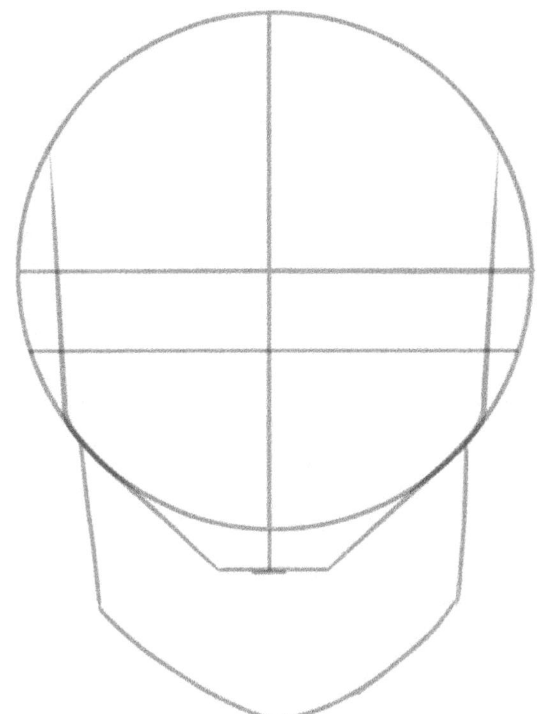

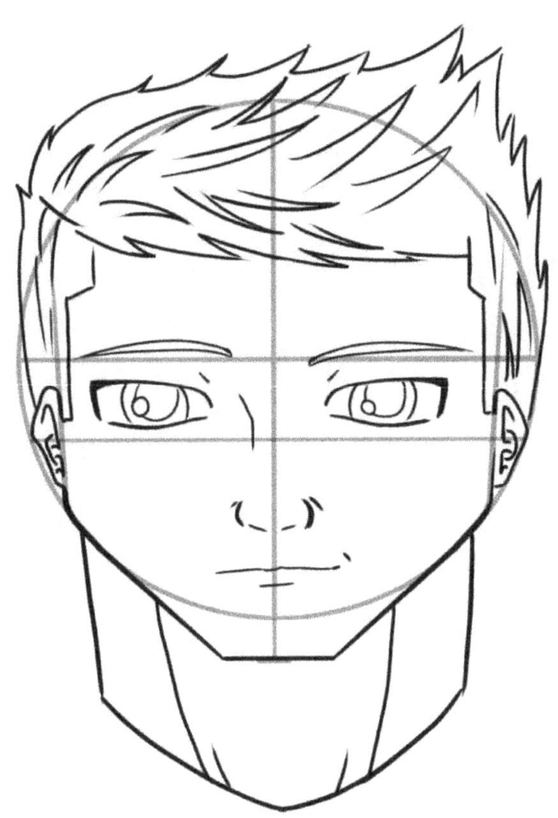

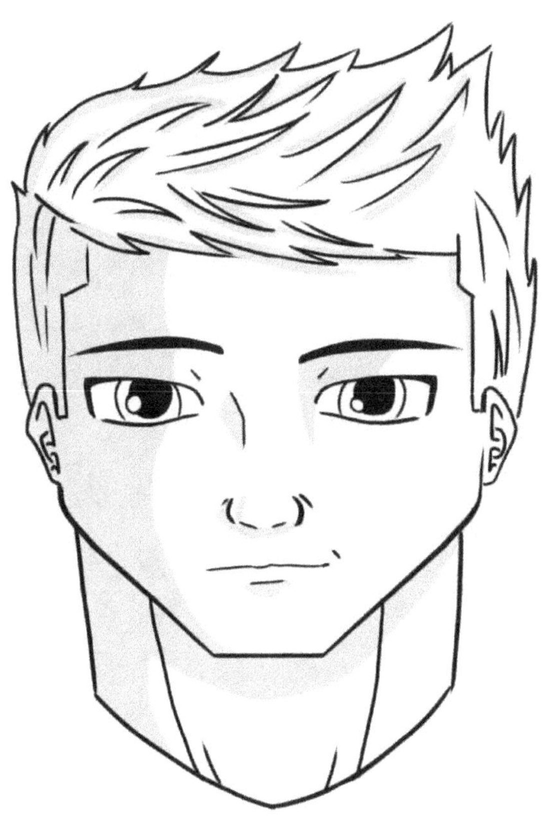

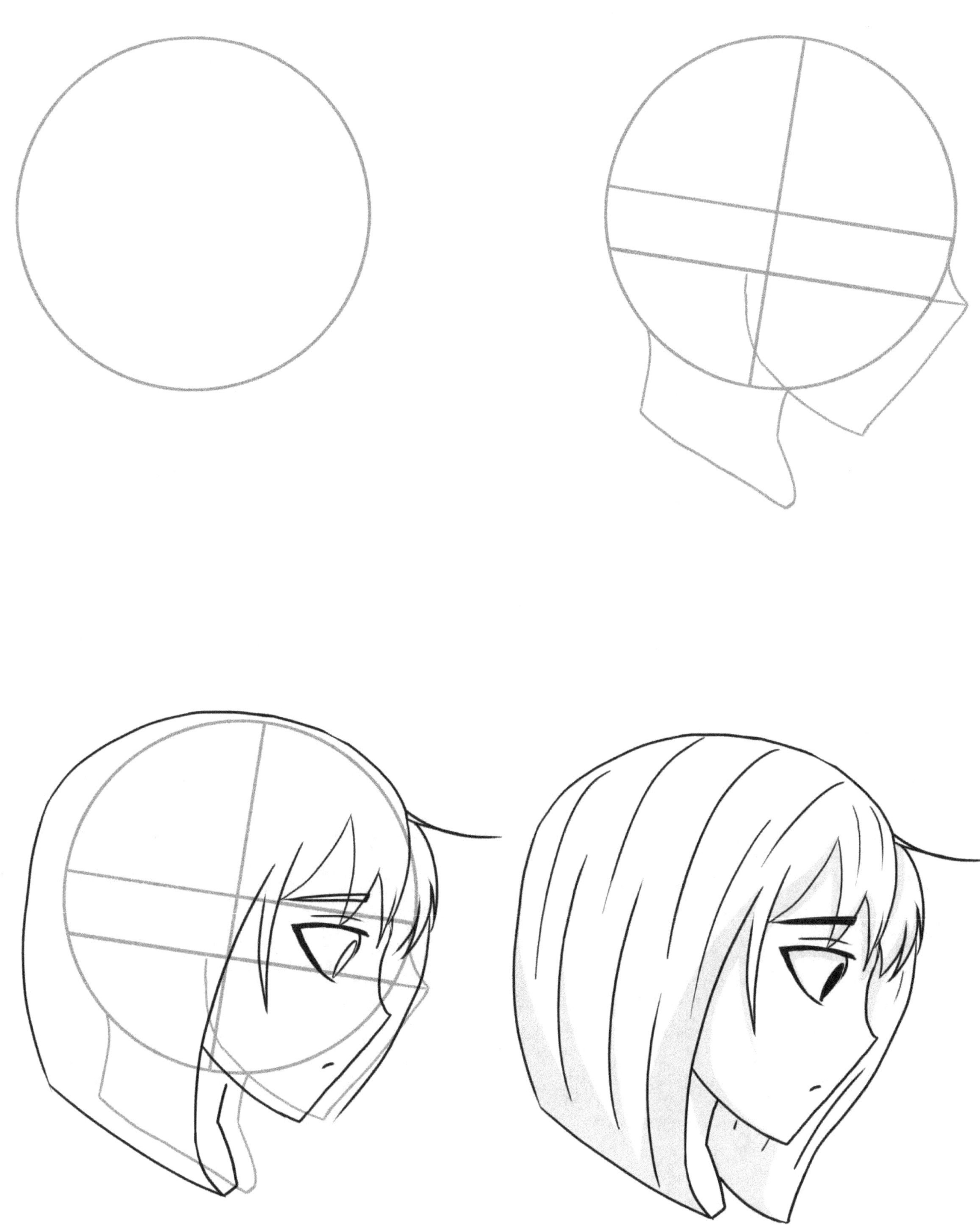

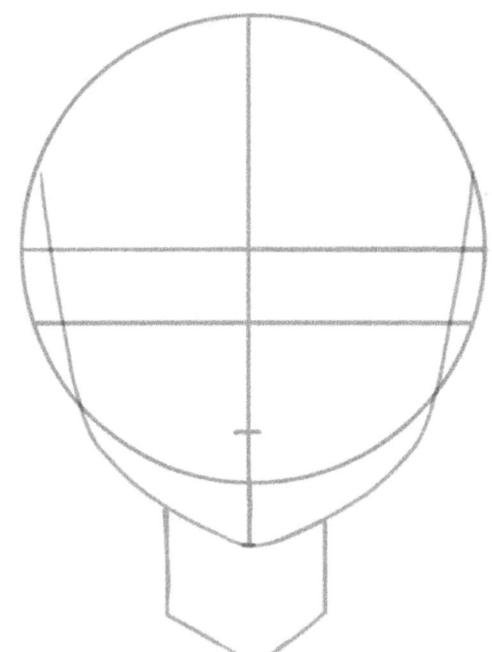

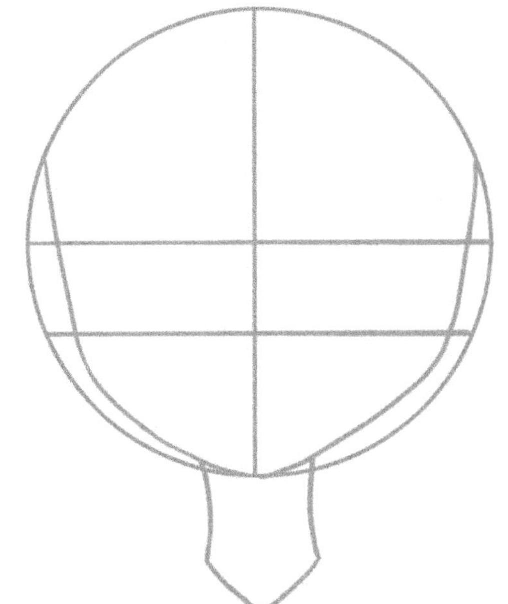

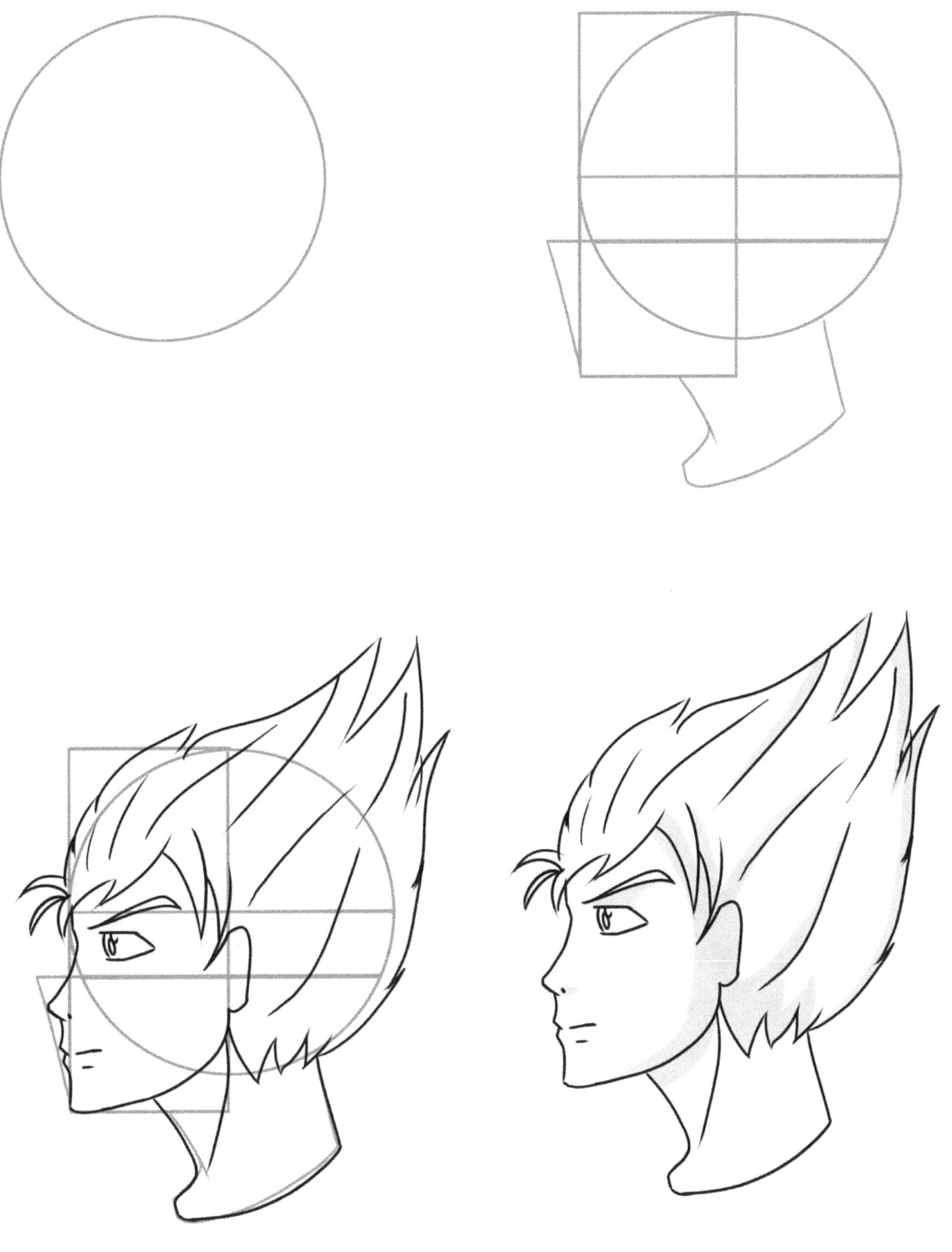